AF331590

DE LA

SOUVERAINETÉ

NATIONALE,

PAR

UN ANCIEN ÉLÈVE DE L'ÉCOLE POLYTECHNIQUE.

PRIX : 50 CENTIMES.

PARIS.

TYPOGRAPHIE DE FIRMIN DIDOT FRÈRES,

IMPRIMEURS DE L'INSTITUT, RUE JACOB, 56.

1848.

PRÉAMBULE.

Paris, 6 décembre 1848.

En publiant ces pages sur la souveraineté nationale (1), j'éprouve le besoin d'exprimer un vœu d'un ordre bien plus élevé que tous ceux qui les terminent (2).

« Je demande au ciel que la nation fran-
« çaise expie les excès de la première répu-
« blique par la modération de la nouvelle ;
« qu'elle rende possible par ses vertus cette
« démocratie, en grandes pimensions, qu'elle
« seule a pu légitimer par ses suffrages (3). »

(1) Voir la note *a*, à la fin de la brochure.
(2) Série de mes vœux, page 10, etc.
(3) Voir la note *b*, à la fin de la brochure.

DE LA

SOUVERAINETÉ

NATIONALE.

Paris, 20 octobre 1848.

Quelle que soit la crise affreuse où nous avons entraîné avec nous l'Europe presque entière, au nom de la souveraineté du peuple, je ne puis croire que ce dogme, qui explique à mes yeux l'énigme de la société, en doive être le fléau, si l'on sait bien l'entendre. Je me persuade plutôt qu'au point où nous sommes arrivés, les esprits timides, qui ont pu s'en effaroucher d'abord, devraient être les plus ardents à l'invoquer, comme le signe de ralliement pour tous les partis, comme l'ancre dans la tempête. Que penser donc de ces hommes, qui n'ont proclamé si haut ce principe que pour le violer si vite, lorsque, une fois au pouvoir, ils ont opposé tant de délais à la convocation d'une Assemblée constituante, et tant d'obstacles à la liberté des choix? N'ont-ils pas

menacé les provinces de la colère de la capitale,
si elles ne leur envoyaient des députés sui-
vant leurs vues? Mais n'était-ce pas là outrager,
de la manière la plus sanglante, et ces provinces
dont ils devaient attendre les choix dans un res-
pectueux silence, et cette capitale, aussi intelli-
gente que brave, dont ils comptaient faire l'aveu-
gle instrument de leur scandaleuse tyrannie?
Discoureurs infatigables sur les droits des na-
tions, tant que vous n'avez pas la puissance,
n'était-ce pas vous surtout qui deviez vous dire
que la première condition de liberté pour un
peuple, sous une forme de gouvernement quel-
conque, c'est de la vouloir; c'est de la faire subir
à la minorité, même la plus respectable par les
talents et par les vertus? Mais, en vous procla-
mant les républicains de la veille, vous aimiez à
faire entendre que vous étiez une minorité. Dès
lors, pour ne pas mentir à vos principes, au lieu
de nous imposer la république, vous deviez subir
la monarchie. Vous étiez donc une minorité in-
conséquente. Aurez-vous été du moins une minorité d'élite, à laquelle, dans un temps de crise,
tous devaient se rallier avec amour, ou même
devant laquelle tous devaient s'incliner avec respect? Hélas! si nous exceptons l'homme d'une

imagination si brillante, d'un cœur si chaleureux, qui, à l'époque de nos premières commotions, vous a comme placés dans sa lumière, et ce très-petit nombre d'esprits ardents qui, un instant avec lui égarés dans vos rangs, ont enfin, comme lui, rougi de vous tous, vous vous êtes bientôt montrés comme des ambitieux incapables, qui venaient aggraver les maux qu'ils prétendaient guérir. Beaucoup de ces hommes, qui, dans ce pays de France, se consolent avec un peu de gloire, auraient désiré du moins que, dans nos misères, vous pussiez offrir au monde l'apparence d'une sauvage grandeur, comme cette Convention nationale, votre effroyable idole. Mais non. Ce prestige, qui trop souvent protége d'indignes tribuns aux yeux de la multitude qu'ils entraînent, vous a toujours manqué. Vous n'avez pas inspiré moins de pitié que d'horreur, lorsque, avec l'avidité d'une tribu de barbares affamés, vous avez tout envahi, tout bouleversé, tout souillé, au milieu de la civilisation étonnée, frémissante. Vous n'avez fait trembler que vos concitoyens. Oh! comme alors j'ai admiré davantage, et cette Assemblée constituante, qui, avec de si magnifiques talents, n'opposa jamais à la souveraineté du peuple que sa modestie, en déclarant qu'aucun de ses membres ne pourrait être réélu ; et cette Assemblée législative, qui, après la journée du 10 août, impatiente de se débarrasser d'un pouvoir devenu sans titre, comme sans mesure, *invita* le peuple français à nommer au plutôt une Convention nationale, et ne voulut pas même prononcer le mot de république, tant elle craignait jusqu'à l'apparence d'influencer les choix !

Mais, grâce à Dieu, nous n'avons pas besoin de remonter toujours dans le passé pour nous consoler des misères du présent. Après cette seconde et subite disparition d'un trône, la majorité du peuple français, cette majorité, surprise par la tempête, n'a-t-elle pas déployé, comme par instinct, toute la sagesse et toute la vigueur des sénats antiques, lorsqu'elle s'est empressée non-seulement d'accepter sans murmure cette république inattendue, mais encore d'en faire, s'il lui était possible, son ouvrage (1) ; et que même sous la pression de ces ignobles petits despotes, qui pullulaient de toutes parts, elle a pu nous donner cette Assemblée digne, à bien des égards, d'un grand peuple, comme l'ont enfin prouvé quelques-unes de

(1) Je me rappelle ici ces remarquables articles de *la Presse* : *Confiance ! Confiance !* dont l'auteur, M. E. de Girardin, a si bien représenté ou même inspiré la France.

ses dernières séances ? Que serait-ce donc, si cette généreuse Assemblée, prenant en considération les obstacles sans nombre, opposés il y a six mois à la manifestation du vœu national, et les difficultés si graves qui résultent de sa situation présente (1), *invitait* aussi le peuple français à nommer une nouvelle Assemblée constituante, pour reviser et achever son ouvrage, ou même pour en faire un tout nouveau? Nous arriverions ainsi par degré à une Assemblée constituante définitive, qui peut-être serait l'Assemblée de 89 retrouvée. A talents égaux, elle vaudrait mieux pour sa tâche que l'Assemblée de 89, puisqu'elle aurait l'avantage de venir après elle, riche de l'expérience de ces soixante dernières années, si fécondes en enseignements de tout genre. Mais quel honneur pour l'Assemblée de 1848, qui aurait fait cet appel à la France, afin de ménager plus sûrement un dénoûment heureux à ce drame, qui depuis 89 s'est joué parmi nous d'une manière si variée, sans que nous ayons pu nous dire un seul jour, avec une pleine sécurité : Voilà le dénoûment! Sans doute que la France reconnaissante honorerait de ses suffrages, en première ligne, tous les membres éminents d'une Assemblée

(1) Ce morceau a été fait avant la levée de l'état de siége.

qui cèderait ainsi sa place ; tous ces hommes qui, devenus timides dans ces tristes jours, ont besoin peut-être d'être nommés deux fois, pour parler avec plus de hardiesse et d'autorité aux factions.

Je vais exprimer ici mes vœux sur quelques points.

1° La plus grande célérité dans l'élection et la plus grande réserve dans le pouvoir, qui mettrait toute sa force au service de la liberté des suffrages ; deux conditions sans lesquelles cette élection elle-même, bien loin de remédier à nos maux, les aggraverait peut-être d'une manière incalculable.

2° La plus grande brièveté dans l'acte constitutionnel, afin que le génie de l'homme d'État y trouve plutôt un appui qu'une entrave.

3° L'attention d'annexer à cette grande œuvre, comme son appendice nécessaire, une loi qui trace la marche à suivre pour la changer ; puisqu'il faut bien qu'une constitution puisse être paisiblement réformée par des législateurs, pour n'être pas brisée tôt ou tard par des insurrections, juste châtiment de la génération ambitieuse qui prétendrait imposer son œuvre, à perpétuité, aux générations futures (1).

(1) Je dois m'étonner que cette belle pensée de l'Assemblée constituante, de tracer la marche à suivre pour la ré-

4° Pour le nombre des électeurs, celui des citoyens français, avec l'exclusion si rationnelle de
ceux qui, dans ce siècle, ne sauraient pas lire et
écrire; exclusion, en effet, qui enlèverait bien plutôt des instruments aux ambitieux que des auxi-
liaires aux citoyens paisibles. J'avouerai même que
le respect pour l'ordre social me fait parfois sentir
le besoin d'une loi plus rigoureuse, qui puiserait
ses motifs d'exclusion tout ensemble dans l'igno-
rance, dans le vice, dans la misère. Mais alors le
respect pour la dignité humaine me fait sentir
davantage le devoir, imposé par le christianisme,
d'éclairer, de corriger, de secourir ceux que l'on
serait forcé d'exclure. Je désirerais ainsi deux lois,
dont la première, grâce à la seconde, trouvât enfin
très-peu d'hommes qu'elle pût frapper : une loi
d'ordre, et une loi d'amour.

5° Pour le nombre des députés, celui des membres de l'Assemblée de 89, douze cents; parce
qu'une Assemblée nombreuse, tout en faisant crain-
dre beaucoup de vains discoureurs, doit faire espé-
rer aussi beaucoup de grands talents, qui souvent

forme de l'acte fondamental, n'ait été reproduite que par
Condorcet, rapporteur du comité de constitution de 93, et
par M. Armand Marrast, rapporteur du comité de constitution de 1848.

réduisent les vains discoureurs au silence par la honte ; et que ce peuple français, accru de plus d'un tiers depuis 89, agissant enfin dans la plénitude de sa liberté, pourrait bien nous donner une Assemblée de douze cents législateurs, supérieure même à l'immortelle Assemblée de 89.

6° Pour le siége de l'Assemblée, Versailles.

7° Pour sa défense, une garde spéciale, fournie par tous les départements, comme le voulurent en vain les héroïques et infortunés chefs du parti modéré de la Convention.

8° Enfin, au nom de la liberté, comme de l'humanité, abolition, abolition, grand Dieu ! de ces lois sauvages qui, en proscrivant certaines familles, en interdisant au peuple d'y chercher ses représentants, deviennent des attentats à la souveraineté nationale.

APPENDICE.

Je reviens sur l'une des idées de cet écrit, pour la combiner avec deux autres.

Assemblée constituante de 1848, dont je me suis complu à parler avec honneur, si, dans les moments terribles où nous sommes, une prompte

loi ne met pas quelque limite au droit de suffrage, comme j'en ai exprimé le vœu, vous élevez
votre édifice près d'un torrent, qui emporte ses
rives. Les manifestes des ennemis de la pro-
priété, leurs récentes victoires, les désordres de
l'Allemagne et de l'Italie ne le font que trop
entendre. Mais à côté d'une telle loi, il en fau-
drait une autre, qui en serait à la fois le cor-
rectif et le complément. Que les hommes ex-
clus du suffrage soient exempts du service. Cette
mesure d'humanité pour les individus serait
encore une mesure de sûreté pour le gouvernement; puisque les perturbateurs de l'ordre social trouveraient moins de sympathies dans l'armée, et ne trouveraient plus, à leur usage,
comme une armée toute prête dans plusieurs de
ceux qui auront été soldats. Je parle, les yeux
toujours ouverts sur l'abîme de l'anarchie. Mais
ce déficit dans nos finances ! Voilà un autre abîme
qui communique avec le premier et s'agrandit
toujours. Hâtez-vous de le combler par une forte
réduction de l'armée. La nation française ne pourrait donner au monde un plus bel exemple. Son
caractère connu de nation belliqueuse lui permet
plus qu'à aucune autre de le donner avec succès.
Qu'elle n'attende pas un concert entre les puis-

sauces. Qu'elle commence ; elle les entraine. Dans ces trois mesures simultanées, la limitation du suffrage, la dispense du service, la réduction de l'armée, se trouve peut-être, en grande partie du moins, la solution de ce redoutable problème : Comment raffermir l'ordre social, si violemment ébranlé? Par la première, combinée avec la seconde, vous régularisez ce grand mouvement qui nous emporte vers les idées de liberté. Par la seconde, combinée avec la troisième, vous accélérez cet autre mouvement qui nous emporte vers l'industrie et le commerce.

Je renvoie ici aux profonds aperçus de l'un de nos écrivains les plus positifs et les plus brillants tout ensemble, de M. Émile de Girardin. Je lui désirerais seulement un peu moins de colère. Il me semble qu'à ces hauteurs où il se place par la force de sa pensée, l'âme doit devenir sereine ; que, lors même qu'elle aurait à signaler les torts les plus graves, elle doit plutôt plaindre que haïr.

Paris, 20 octobre 1848.

NOTES.

———

(*a*) Le 20 octobre, j'ai voulu me soulager d'un fardeau qui me pesait toujours davantage, en exprimant, d'une manière bien nette, ce que j'avais senti, d'une manière bien tumultueuse, depuis le 23 février; et, sans renvoyer au lendemain, j'ai trouvé presque en entier l'opuscule que je publie aujourd'hui, 6 décembre. Je ne le publierais pas, si je ne l'avais vu accueilli, au delà de mon attente, par quelques-uns de ces esprits d'élite dont je désirerais toujours connaître l'opinion avant de former la mienne. Les circonstances, il est vrai, ne sont plus tout à fait les mêmes qu'au 20 octobre. Mais un ouvrage trouvé sous l'influence d'une situation politique, même complétement évanouie quelque temps après, s'il a quelque valeur, ne perd l'intérêt des circonstances que pour acquérir celui de l'histoire.

(*b*) Un tel vœu me semblerait une protestation suffisante contre les inductions que des esprits irréfléchis pourraient tirer de cet écrit. Lorsque je déplore, avec tant d'amertume, les désordres qui ont souillé la naissance de notre seconde république, je dois reconnaître que la plupart de ces désordres tiennent à l'essence même d'une révolution soudaine, violente. Dès lors je dois m'attacher davantage à une république qui trouve, dans sa propre organisation, des moyens réguliers d'améliorations progressives. Aussi j'envisage maintenant, avec plus de pitié que de colère, tous ces esprits malades qui, après tant de catastrophes, veulent chercher un nouveau monde à travers les orages.

Paris. — Typographie de Firmin Didot Frères, rue Jacob, 56.